~ 1 ~

SEU PAI CELESTIAL SE PREOCUPA COM AS SUAS LUTAS

Suas Lutas Interessam Para Deus.

Deus me chamou e ungiu para ajudá-lo a alcançar seus sonhos e objetivos. Qual é o seu MAIOR sonho hoje? Seus obstáculos parecem intransponíveis? Você está na maior luta da sua vida? Então, coloque sua fé em ação! Embora a batalha não seja sempre sua escolha... *vencer é.*

É por isso que sua fé em Deus é tão importante.

Você já é um vencedor. Só o fato de você estar lendo este livro é a prova da sua vontade de aprender.

Minha própria vida tem sido um desfile de tais batalhas e conquistas, tempos de luta que produziram milagres incríveis. Aprendi que a luta é apenas a prova de que você ainda não foi vencido.

"Quando passares pelas águas, eu serei contigo; quando pelos rios, eles não te submergirão; quando passares pelo fogo, não te queimarás, nem a chama arderá em ti", (Isaías 43: 2).

Deus antecipou sua dor. É por isso que houve uma cruz. Apesar de suas falhas estão previstas pelo inferno, sua recuperação é muito mais organizada do Céu!

"Ainda que eu passe por angústias, tu me preservas... O Senhor cumprirá o seu propósito para comigo", (Salmo 138:7-8).

O Que É A Luta?

O que quero dizer com as batalhas e lutas em sua vida? É toda a oposição, dor ou dificuldade que você encontra ao tentar obedecer a uma instrução de Deus... ou completar os sonhos Dele na sua vida... ou receber um milagre que Ele planejou.

Sua luta é qualquer dor produzida durante seus esforços para satisfazer as expectativas de Deus para você.

Por exemplo, o desejo de Daniel de agradar o Senhor em sua vida de oração levantou inimigos, que resultou em sua Experiência Na Cova dos Leões.

UMÁRIO

A Luta É Meramente A Prova de Que Você Ainda Não Foi Vencido.

-MIKE MURDOCK

🙖 2 🙖

VOCÊ SEMPRE TERÁ UM INIMIGO

———————◆▷◆◁◆———————

Você Nasceu Em Um Ambiente de Combate.
Seu inimigo é Lúcifer não, não carne ou sangue. As pessoas são simplesmente os CANAIS e FERRAMENTAS para o seu inimigo. Paulo escreveu: "pois não é contra carne e sangue que temos que lutar, mas sim contra os principados, contra as potestades, conta os príncipes do mundo destas trevas, contra as hostes espirituais da iniqüidade nas regiões celestes", (Efésios 6:12).

Seu verdadeiro inimigo é o diabo... satanás... lúcifer... "Sede sóbrios, vigiai, porque o seu adversário, o Diabo, como leão que ruge, anda em derredor, buscando a quem possa tragar", (1 Pedro 5:8).

Quem é ele? Um ex-empregado do céu. *Ele é um anjo caído.* "...Eu via Satanás, como raio cair do céu", (Lucas 10:18). O tempo do seu adversário é limitado. Por isso, seus esforços são intensos. "...Porque o Diabo desceu a vós com grande ira, sabendo que pouco tempo lhe resta", (Apocalipse 12:12).

O poder do seu Inimigo para tentá-lo é limitado. "... Mas Deus é fiel, que não vos deixará tentar acima do que podeis, antes com a tentação dará também o escape, para que a possais suportar", (1 Coríntios 10:13).

Vamos Rever!

▶ Qualquer Coisa Boa É Odiada Por Aquilo Que É Mal.

▶ Você Pode Discernir O Mal Por Sua Reação À Verdade E Àqueles Que A Ensinam.

▶ Seu Inimigo É Satanás E Aqueles Que Desejam Tornar-Se O Seu Instrumento de Dor Para Os Outros.

▶ Seu Inimigo É Limitado E Não Pode Controlar Você Nem O Desígnio de Deus Para Sua Vida.

⟪ 3 ⟫

SEU INIMIGO É ENGANOSO

Satanás É Um Mentiroso.

Satanás odeia a Deus e tudo o que recebe carinho da parte Dele. Ele está bem ciente dos cuidados incomum e a proteção de Deus para conosco e reage com ressentimento desenfreado. Sua reação às bênçãos de Jó é um exemplo:

"Não o tens protegido de todo lado a ele, a sua casa e a tudo quanto tem? Tens abençoado a obra de suas mãos, e os seus bens se multiplicam na terra", (Jó 1:10).

Satanás é Enganador, Astuto, Manipulador e Pai da Mentira. "Vocês pertencem ao pai de vocês, o Diabo, e querem realizar o desejo dele. Ele foi homicida desde o princípio e não se apegou à verdade, pois não há verdade nele. Quando mente, fala a sua própria língua, pois é mentiroso e pai da mentira", (João 8:44).

Satanás Odeia
Tudo O Que
Deus Ama.

-MIKE MURDOCK

❧ 4 ❧

SATANÁS INVEJA O AFETO DE DEUS PARA COM VOCÊ

Satanás Estava Com Ciúmes de Jó. Ele se opõe a você porque você é uma potencial fonte de prazer para Deus. "...porque criaste todas as coisas, e por tua vontade elas existem e foram criadas", (Apocalipse 4:11).

O Verdadeiro Inimigo de Satanás É Deus. Mas porque ele é impotente contra Deus, ele ataca o que está mais próximo do coração de Deus... você e eu.

O Principal Objetivo da Guerra de Satanás É Causar Dor No Coração de Deus. A insultá-lo... a frustrar os Seus propósitos em sua vida. Ele quer que você entristecer o coração de Deus por duvidar de sua integridade.

"Deus não é homem, para que minta; nem filho do homem, para que se arrependa. Porventura, tendo ele dito, não o fará? ou, havendo falado, não o cumprirá?" (Números 23:19).

Satanás Quer Abortar A Chegada de Qualquer Milagre Que Traga Glória A Deus. Ele quer paralisar seus planos... abortar seus sonhos... enfraquecer sua esperança.

A Falta de Foco
É A Única
Razão Para
O Fracasso.

-*MIKE MURDOCK*

∽ 5 ∽

VOCÊ PODE DISCERNIR AS ARMAS FAVORITAS DE SATANÁS

4 Armas Comuns

1. Atrasos – Quando Satanás tenta impedir a chegada do milagre desejado. Ele sabe que o atraso pode enfraquecer o seu desejo de continuar buscando.

Daniel compartilhou esse tipo de experiência em Daniel 10:2-14.

2. Engano – Satanás é um mestre na ilusão e no erro. Ele sabe que ao infiltrar-se em uma geração através do ensino errado, ele pode destruir milhões de pessoas. Uma única falsa declaração da boca de um informante inteligente pode prejudicar a fé de milhões.

Somente a eternidade revelará quantos sonhos caíram sobre as rochas dos ensinamentos preconceituosos contra a cura divina... ou o Espírito Santo... ou prosperidade financeira.

3. Distrações – O foco quebrado é a meta de todos os ataques satânicos. "Não declines nem para a direita nem para a esquerda", (Provérbios 4:27). Sua energia e tempo são muito preciosos para desperdiçar com amizades improdutivas, críticas infundadas ou outras distrações.

Depois de um ataque da mídia sobre o meu ministério, meus advogados e contadores me telefonaram. Eles ficaram extremamente irritados.

"Nós encontramos 36 declarações falsas só no primeiro artigo da notícia! Você quer processá-los?"

Eu ri. "Claro que não. Eu tenho uma missão de Deus. Billy Graham explicou também por que ele não respondeu a todos os seus críticos, quando disse que seus inimigos não acreditariam na sua explicação; e seus amigos não exigem que você se explique. Deus é a nossa defesa".

4.   Decepção – Com você mesmo ou outros. Não repita a culpa de erros anteriores, nem fique preocupado com as perdas do passado, nem amplie as fraquezas dos outros. Lembre-se *que o ponto de entrada favorito de satanás será sempre através das pessoas próximas ao seu coração.*

～ 6 ～

VOCÊ PODE PREVER ESTAÇÕES DE ATAQUES SATÂNICOS

Satanás Não É Onipresente.
Ele não pode estar em todos os lugares ao mesmo tempo. Ele ataca em estações.

Há seis estações específicas em que você pode experimentar pessoalmente batalhas espirituais inesperadas em sua vida.

1. Quando Você Se Torna Fisicamente Exausto. Eu viajo muito. Às vezes, até 20.000 milhas em um único mês. Tenho notado que a minha fé e o entusiasmo diminuem a fadiga. Na verdade, os maiores ataques de Satanás em sua fé provavelmente irão acontecer quando você tiver dormido pouco ou não tiver dormido.

2. Quando Você Enfrentar Decisões Importantes Em Sua Vida. Isso pode ser em sua carreira ou mesmo recolocação geográfica. É por isso que a paciência é tão benéfica. "O Senhor é bom para os que esperam por Ele", (Lamentações 3:25).

3. O Nascimento de Uma Criança Destinada A Se Tornar Um Líder Espiritual. Foi o que aconteceu depois do nascimento de Moisés quando

Faraó ordenou que as crianças do sexo masculino fossem assassinadas.

"Quando ajudardes no parto as hebréias, e as virdes sobre os assentos, se for filho, matá-lo-eis; mas se for filha, viverá", (Êxodo 1:16). Além disso, o nascimento de Jesus. "...Porque Herodes vai procurar o menino para o matar", (Mateus 2:13). Grandes personalidades geralmente relatam as adversidades da infância que os ameaçavam em seus primeiros anos de vida.

4. Quando Um Milagre Específico É Liberado Por Deus Para Sua Vida. Daniel esperou 21 dias para sua oração ser respondida. Quando o anjo do Senhor apareceu finalmente, explicou a guerra, que exigiu a ajuda de Miguel, o arcanjo para ajudá-lo. "Mas o príncipe do reino da Pérsia me resistiu vinte e um dias, mas, eis que Miguel, um dos primeiros príncipes, veio para ajudar-me, e eu fiquei ali com os reis da Pérsia", (Daniel 10:13). Veja, sua batalha é realmente um sinal de que algo está a caminho para você da parte de Deus.

5. Quando Você Inicia Um Novo Ministério Para Deus. Jesus enfrentou sua experiência no deserto pouco antes de dar início ao Seu ministério de cura (leia Mateus 4). Eu já vi isso acontecer; quase sem exceção, todos os grandes projectos, novo programa de televisão ou a construção de uma nova igreja encontra extrema oposição ou retrocessos.

Os meus ataques foram algo interessante. Na verdade, os repórteres primeiro participaram do meu ministério, quatro anos antes de finalmente lançaram seus artigos. A ocasião revela muito! Os artigos, surgiram pouco depois que eu comecei...

► Um programa nacional de televisão em uma grande rede de TV secular.

► Alimentar e dar suporte para mais de 1.000 crianças por dia para serem alimentadas diariamente no México.

► Patrocinar a *Casa da Esperança Mike Murdock,* um orfanato para garotos com Aids na África do Sul.

6.   Quando Você É O Próximo da Fila Para Uma Promoção de Deus. Quando José anunciou o sonho que Deus lhe havia dado, seus próprios irmãos, com amargura, o venderam como escravo. Sua reputação de honra foi destituída por causa de uma mentira da mulher de Potifar. No entanto, cada dia de adversidade simplesmente o levava um dia mais perto do trono.

► Cada Estação Tem Um Produto Diferente.

► A Batalha É Um Indício de Que Satanás Sabe da Sua Promoção.

► Prepare-se Para A Jornada.

"E não nos cansemos de fazer o bem, porque a seu tempo ceifaremos, se não houvermos desfalecido", (Gálatas 6:9).

A Palavra de Deus
Torna-se A
Energia de Deus
Dentro de Você.

-MIKE MURDOCK

⪡ 7 ⪢

VOCÊ DEVE USAR SUAS SEIS ARMAS MAIS EFICAZES

Você Nunca Vai Ganhar Uma Batalha *Espiritual* de Maneira Lógica. "Porque as armas da nossa milícia não são carnais, mas poderosas em Deus para destruição das fortalezas", (2 Coríntios 10:4).

Você nunca vai ganhar uma batalha espiritual através de sua própria força ou Sabedoria. "Não por força nem por violência, mas pelo meu Espírito, diz o Senhor dos Exércitos", (Zacarias 4:6).

1. Você Deve Conhecer E Declarar A Palavra de Deus. "Para que a Palavra de Deus é viva e eficaz e mais penetrante que qualquer espada de dois gumes, e penetra até à divisão da alma e do espírito, e das juntas e medulas, e é apta para discernir os pensamentos e intenções do coração", (Hebreus 4:12).

2. Suas Conversas Devem Refletir A Mentalidade de Um Vencedor. "A morte e a vida estão no poder da língua, e aquele que a ama comerá do seu fruto", (Provérbios 18:21).

3. Você Deve Usar Sua Autoridade Sobre Satanás Em Nome de Jesus. "O nome do Senhor é uma torre forte: a ela corre o justo, e está seguro", (Provérbios 18:10). "Pelo que também Deus o exaltou soberanamente e lhe deu um nome que está acima de todo nome, para que ao nome de Jesus se dobre todo joelho dos que estão nos céus e na terra, e debaixo da terra", (Filipenses 2:9-10).

4. Você Precisa Em Fé, Revestir-se da Armadura Espiritual Cada Manhã, Em Oração. "Portanto, tomai toda a armadura de Deus, para que possais resistir no dia mau e, havendo feito tudo, permanecer inabaláveis", (Efésios 6:13).

5. Você Deve Respeitar O Poder da Oração E Jejum. "A súplica de um justo pode muito", (Tiago 5:16). "Não é este o jejum que eu escolhi? para soltar as ligaduras da impiedade, que desfaças os fardos pesados, e deixar ir livres os oprimidos, e vós que quebrar todo o jugo?" (Isaías 58:6).

6. Você Deve Perseguir E Extrair A Sabedoria de Deus dos Mentores Espirituais Que Ele Coloca Em Sua Vida. "O sábio ouvirá e crescerá em conhecimento, e o entendido adquirirá sábios conselhos", (Provérbios 1:5).

Os repórteres foram implacáveis e perturbadores na sua insistência em uma entrevista pessoal. Eu mesmo passei 25 minutos com o repórter chefe, e até mesmo orei por ele dentro do Centro de Sabedoria. Mas, ele era impertinente em busca de uma entrevista pessoal. Então, eu conversei com um dos meus mentores. Ele é um pastor de 70 anos com mais de 50 anos de experiência com a mídia e tem 200 igrejas sob a sua autoridade. Ele me deu alguns conselhos notáveis:

"Mike, há mais de 50 anos que eu trabalho com a mídia e tento dar-lhes aquilo que eles querem. Eles não estão em busca da verdade. Eles querem destruir e manchar a reputação dos homens aprovados por Deus, cuja verdade tem provocado à ira. Eles vão escrever a história que querem escrever... com ou sem a sua ajuda".

Eu respondi, "Eles querem que eu dê uma entrevista, mas se recusam a imprimir minhas respostas às perguntas que fizerem".

"Não lhes dê uma entrevista. Eles são desqualificados para o seu acesso e o seu tempo por causa do desrespeito e dos motivos malígnos".

▶ Ninguém Pode Lutar Sua Batalha Por Você.

▶ Ninguém Pode Sentir A Sua Dor.

▶ Ninguém Pode Tomar Decisões Por Você.

As Estações de
Sua Vida Irão
Mudar Cada Vez
Que Você
Decidir Usar Sua Fé.

-MIKE MURDOCK

≈ 8 ≈

Discirna As Quatro Forças Que Encurtam Suas Temporadas de Lutas

Estações Que Começam... Podem Terminar.

4 Forças Devem Ser Discernidas

1.   **Quando Você Fala...** palavras de fé que edificam seu Espírito. Falar em fé é explosivo. "A morte e a vida estão no poder da língua, e aquele que a ama comerá do seu fruto", (Provérbios 18:21).

2.   **Quando Você Canta...** cria um clima que Satanás não pode tolerar. Canções de adoração e louvor afastam espíritos demoníacos... Saul o descobriu quando Davi tocou. "Sempre que o espírito mandado por Deus se apoderava de Saul, Davi apanhava sua harpa e tocava. Então Saul sentia alívio e melhorava, e o espírito maligno o deixava", (1 Samuel 16:23).

Os repórteres escreveram ironizando e ridicularizando minhas músicas ao Espírito Santo. Eles disseram que eram desdenhosamente canções de amor à mulheres e tal ênfase depreciava o Espírito Santo. Você vê, Satanás odeia suas músicas de amor ao

Espírito Santo... então, aprenda e desenvolva esta arma.

3. Quando Você Compartilha... na oração de concordância com os outros. É sábio ter assistência de oração de intercessores. "Em verdade vos digo: Tudo quanto ligardes na terra será ligado no céu; e tudo quanto desligardes na terra será desligado no céu. Ainda vos digo mais: Se dois de vós na terra concordarem acerca de qualquer coisa que pedirem, isso lhes será feito por meu Pai, que está nos céus", (Mateus 18:18-19).

4. Sua Semeadura... gera uma parceria com Deus que o envolve na sua adversidade. "Trazei todos os dízimos à casa do tesouro, para que haja mantimento na Minha casa, e provai-me nisto, diz o Senhor dos Exércitos, se eu não vos abrir as janelas do céu e não derramar sobre vós uma bênção tal, que não deve haver espaço suficiente para recebê-lo. E eu vou repreender o devorador por vossa causa, e ele não destruirá os frutos da vossa terra; nem a vossa vide lançará o seu fruto antes do tempo no campo, diz o Senhor dos Exércitos", (Malaquias 3:10-11).

Eu tenho sempre observado mudanças significativas nos tempos de batalha, stress e luta quando eu corajosamente desbloqueio estas quatro forças.

❧ 9 ❧

20 CHAVES DE SABEDORIA E TÉCNICAS PARA RECORDAR DURANTE UMA BATALHA INCOMUM

1.   Você Nunca Vai Escapar do Tempo da Luta, Você Simplesmente Deve Aprender A Lutar. "Porque não temos que lutar contra a carne e o sangue, mas, sim, contra os principados, contra as potestades, contra os príncipes das trevas deste século, contra as hostes espirituais da maldade, nos lugares celestiais", (Efésios 6:12).

2.   O Propósito de Deus Durante Seu Tempo de Crise Não É Te Ensinar A Sobreviver, Mas Te Educar. "Tenham o cuidado de obedecer a toda a lei que eu hoje lhes ordeno, para que vocês vivam, multipliquem-se e tomem posse da terra que o Senhor prometeu, com juramento, aos seus antepassados. Lembrem-se de como o Senhor, o seu Deus, os conduziu por todo o caminho no deserto, durante estes quarenta anos, para humilhá-los e pô-los à prova, a fim de conhecer suas intenções, se iriam obedecer aos seus mandamentos ou não", (Deuteronômio 8:1-2).

3.   Nada É Tão Ruim Quanto Parece. "Ainda que eu passe por angústias, tu me preservas a vida da ira dos meus inimigos; estendes a tua mão direita e me livras. O Senhor cumprirá o seu propósito para comigo! Teu amor, Senhor, permanece para sempre; não abandones as obras das tuas mãos!" (Salmo 138:7-8).

Ataques contra você irão agitar a lealdade dos verdadeiros amigos, que discerniram a sua integridade e seriedade. O Ataque é um tempo de purificação... que elimina aqueles que não são qualificados para participar em sua vida e visão.

4. A Falha Não É Um Evento, Mas Uma Opinião. "E o povo estava ali a olhar. E as próprias autoridades zombavam dele, dizendo: Aos outros salvou; salve-se a si mesmo, se é o Cristo, o escolhido de Deus", (Lucas 23:35).

Quando o inimigo ataca você, examine a opinião dele e pontos de vista das outras coisas que você ama.

Ao conversar com o repórter aqui no Centro Sabedoria, eu queria saber a sua opinião sobre as coisas que eu valorizava.

Ele desprezava e escarnecia do ministério de cura de nossos dias dizendo que as pessoas simplesmente "achavam que elas haviam sido curadas".

Por que foi Estêvão foi apedrejado? Ele foi apedrejado por pessoas que desprezaram a Jesus dentro dele.

A unção do Espírito Santo dentro de dele, agitava aqueles que desprezavam a santidade de um Deus puro.

5. A Falha Não Pode Acontecer Em Sua Vida Sem A Sua Permissão. "Se, porém, não lhes agrada servir ao Senhor, escolham hoje a quem irão servir, se aos deuses que os seus antepassados serviram além do Eufrates, ou aos deuses dos amorreus, em cuja terra vocês estão vivendo. Mas, eu e a minha família serviremos ao Senhor", (Josué 24:15).

6. Todos Os Grandes Homens Atraem A Atenção Satânica. "Será que Jó não tem razões para temer a Deus?, respondeu Satanás. Acaso não puseste uma cerca em volta dele, da família dele e de tudo o que ele possui? Tu mesmo tens abençoado tudo o que ele faz, de modo que os seus rebanhos estão espalhados por toda a terra. Mas estende a tua mão e fere tudo o que ele tem, e com certeza ele te amaldiçoará na tua face. O Senhor disse a Satanás: "Pois bem, tudo o que ele possui está nas suas mãos; apenas não toque nele". Então Satanás saiu da presença do Senhor", (Jó 1:9-12).

Seu adversidade sempre é proporcional à sua influência e potencial.

Homens cuja voz é temida no inferno... sempre serão um foco de ataque satânico.

7. Todos Os Homens Caem... Só Os Grandes Se Levantam. "Confirmados pelo Senhor são os passos do homem em cujo caminho ele se deleita; ainda que caia, não ficará prostrado, pois o Senhor lhe segura a mão", (Salmo 37:23-24).

8. Satanás Sempre Ataca O Que Ele Mais Teme. "Quando o rei Herodes ouviu essas coisas, ele ficou perturbado e toda Jerusalém com ele", (Mateus 2:3).

9. Luta É A Prova de Que Você Ainda Não Está Derrotado. "Em tudo somos atribulados, mas não angustiados; perplexos, mas não desesperados", (2 Coríntios 4:8-9).

Por que somos atacados? Porque vocês ainda não perderam. Satanás acredita em você também. Ele teme o que você pode realizar. Se Satanás acredita que você pode atingir o seu objetivo... por que você não acreditaria?

10. O Ponto de Entrada Favorito de Satanás Sempre Será Através das Pessoas Mais Próximas de Você. "Pois o filho despreza o pai, a filha se levanta contra a mãe, a nora contra a sogra; os inimigos do homem são os da própria casa", (Miquéias 7:6).

Após três dias de bombardeamentos e um esforço para destruir a credibilidade do nosso ministério, uma grande revista cristã na parte sul dos Estados Unidos me ligou. É uma revista conhecida em todo o mundo. Os editores disseram que queriam apresentar meu lado, em resposta ao artigo de jornal. Na verdade, eu até orei com eles por telefone, e eles me garantiram: "Vamos imprimir cada palavra que você disser". Horas mais tarde, o artigo deles foi tão destrutivo, quanto noventa por cento do artigo escrito pelo povo sádico e caluniador que tinha escrito os artigos do jornal. Eles deixaram de fora mais de cinqüenta por cento da minha declaração e distorceram as respostas que eu tinha dado.

Eu mal podia acreditar no que via. Eu tinha depositado neles a minha confiança... acreditado em sua sinceridade. Afinal, esses eram supostamente cristãos que estavam tentando promover a obra do Senhor. Imediatamente os vi como o cavalo de Tróia do cristianismo... interposto dentro do campo do Cristianismo para trazer destruição para os que estão no ministério.

Que alguém vai fazer para o outro... eles acabarão por fazer com você.

11. Você Nunca Vai Ganhar Uma Batalha Espiritual de Maneira Lógica. "Porque, embora andando na carne, não militamos segundo a carne", (2 Coríntios 10:3).

Nunca use as armas que o seu inimigo escolheu. Davi compreendeu este princípio poderoso. Ele queixou-se a Saul que ele não poderia usar sua armadura. Ele permaneceu com a arma que ele tinha usado todos os dias de sua vida.

12. A Dor É Apenas A Passagem Para Um Milagre. "Porque a sua ira dura só um momento; no seu favor está a vida. O choro pode durar uma noite; pela manhã, porém, vem o cântico de júbilo", (Salmo 30:5).

13. A Luta Sempre Antecede O Nascimento de Um Milagre. "E, havendo eles se retirado, eis que um anjo do Senhor apareceu a José em sonho, dizendo: Levanta-te, toma o menino e sua mãe, foge para o Egito, e ali fica até que eu te fale; porque Herodes há de procurar o menino para o matar", (Mateus 2:13).

14. A Crise Sempre Acontece Na Curva da Mudança. "Subiu, pois, Abrão do Egito para o Negebe, levando sua mulher e tudo o que tinha, e Ló o acompanhava. Ora, a terra não podia sustentá-los, para eles habitarem juntos; porque os seus bens eram muitos; de modo que não podiam habitar juntos. Pelo que houve contenda entre os pastores do gado de Abrão, e os pastores do gado de Ló. E nesse tempo os cananeus e os perizeus habitavam na terra", (Gênesis 13:1, 6-7).

15. Satanás Sempre Ataca Aqueles Que São Os Próximos da Fila Para Uma Promoção. "Disse o Senhor a Satanás: Notaste porventura o meu servo Jó, que ninguém há na terra semelhante a ele, homem íntegro e reto, que teme a Deus e se desvia do mal? Ele ainda retém a sua integridade, embora me incitasses contra ele, para o consumir sem causa", (Jó 2:3).

16. Pare de Olhar Para O Que Você Pode Ver

E Começe A Olhar Para O Que Você Pode Ter. "Se o Senhor se agradar de nós, ele nos fará entrar nessa terra, onde manam leite e mel, e a dará a nós", (Números 14:8).

17. Ninguém É Um Perdedor Por Mais Tempo Que Satanás. "O grande dragão foi lançado fora. Ele é a antiga serpente chamada Diabo ou Satanás, que engana o mundo todo. Ele e os seus anjos foram lançados à terra", (Apocalipse 12:9).

18. Nunca Declare Palavras Que Façam Satanás Pensar Que Ele Está Vencendo. "Se formos atirados na fornalha em chamas, o Deus a quem prestamos culto pode livrar-nos, e ele nos livrará das tuas mãos, ó rei", (Daniel 3:17).

19. Aqueles Que Não Dispostos A Perder, Raramente O Fazem. "Lança o teu fardo sobre o Senhor, e ele te susterá; nunca permitirá que o justo seja abalado", (Salmo 55:22).

20. A Batalha É A Sua Chance de Ser Reconhecido... Por Ambos, Céu E Inferno. "Combata o bom combate da fé. Tome posse da vida eterna, para a qual você foi chamado e fez a boa confissão na presença de muitas testemunhas", (1 Timóteo 6:12).

Deus só é autorizado a promover um vencedor (Apocalipse 2 e 3).

RECADO ESPECIAL PARA OS SOLDADOS ESPIRITUAIS

Conheça Com Bem As Suas Dificuldades. Nomeie o seu verdadeiro inimigo por quem ele é.

Tome A Decisão de Se Manter Focado. Você já esteve no seu passado. Não havia nada lá que você queria, então, lute para entrar no seu futuro. *Lute.* Sua *resistência* é desmoralizante para satanás. As *recompensas* por superar valem mil vezes mais do que qualquer dor que você possa experimentar.

O Tamanho do Seu Inimigo Determina O Tamanho da Sua Recompensa. Então, ficar animado! Seu futuro está próximo. Sua promoção é inevitável.

31 CHAVES DE SABEDORIA

1. Nunca Se Queixe do Que Você Permite.
2. Crises Sempre Ocorrem Quando Uma Mudança Está Para Acontecer.
3. O Seu Inimigo Não É Uma Parede, Mas Sim Uma Porta A Sua Próxima Temporada.
4. Quando Você Pede A Deus Um Futuro, Ele Vai Lhe Agendar Um Adversário.
5. Tudo O Que É Bom, É Odiado Por Tudo O Que É Mal.
6. O Problema Que Mais Lhe Enfurece, É O Problema Que Você Foi Designado Para Resolver.
7. O Tamanho do Seu Inimigo Determina O Tamanho da Sua Recompensa.
8. Sua Reação A Um Homem de Deus Determina A Reação de Deus Para Com Você.
9. Luta É A Prova de Que Você Ainda Não Foi Vencido.
10. A Crise Vai Limpar Cada Relacionamento Que Se Opõe A Discernir Sua Integridade.
11. O Que Você Pode Tolerar Você Não Pode Mudar.
12. Ataque É A Prova de Que O Seu Inimigo Previu O Seu Sucesso.
13. Satanás Ataca Tudo O Que Deus Quer Promover.
14. O Que Você Falha Em Destruir, Destruirá Você.
15. Falsa Acusação É A Última Etapa Antes da Promoção Sobrenatural.
16. A Guerra Sempre Antecede O Nascimento de Um Milagre.
17. Você Não Pode Escapar da Luta, Você Deve

Simplesmente Aprender A Lutar.
18. O Que Deus Ama Satanás Odeia.
19. Raiva É Simplesmente Paixão Que Requer Um Enfoque Adequado.
20. Você Não Pode Conquistar O Que Você Se Recusa A Odiar.
21. Batalha É O Palco Onde A Lealdade É Provada.
22. Nunca Entrar Em Uma Batalha Que Não Oferece Uma Recompensa.
23. O Silêncio Não Pode Ser Mal Interpretado.
24. Nunca Passe Mais Tempo Com Um Inimigo Do Que Você Daria Para Um Amigo.
25. As Estações de Sua Vida Irão Mudar Cada Vez Que Você Decidir Usar Sua Fé.
26. Nunca Declare Palavras Que Fazem Um Inimigo Pensar Que Ele Está Ganhando.
27. Amigos Geram Conforto; Inimigos Geram Recompensas.
28. Conquista É Uma Autorização de Deus Para Promovê-Lo.
29. O Futuro de Alguém Depende da Sua Vitória.
30. A Propósito da Sua Memória É de Reviver Vitórias Passadas.
31. Você Só Será Lembrado Pelo Inimigo Que Você Vencer Ou Pelo Inimigo Que Vencer Você.

DECISÃO

Você Quer Aceitar A Jesus Como O Salvador da Sua Vida?

A Bíblia diz, "Se, com a tua boca, confessares ao Senhor Jesus e, em teu coração, creres que Deus o ressuscitou dos mortos, serás salvo", (Romanos 10:9). Repita a seguinte oração com toda sinceridade: "Querido Jesus, eu acredito que morrestes por mim no Calvério e que ressuscitastes ao terceiro dia. Eu confesso que sou um pecador e que preciso do Teu amor e perdão. Entra no meu coração, Jesus! Perdõe os meus pecados! Eu quero receber a Tua vida eterna. Confirme o Teu amor por mim com o derramar da Tua paz, felicidade e o amor sobrenatural para com os outros. Amém".

☐ Sim, Mike, Hoje eu fiz uma decisão para aceitar a Cristo como o meu Salvador pessoal. Por favor, me envie o presente do seu livro "31 Chaves Para Um Novo Começo", para ajudar com a minha vida nova em Cristo.

NOME   DATA DE NASCIMENTO

ENDEREÇO   CIDADE   CÓDIGO POSTAL

PAÍS

TELEFONE   E-MAIL

Envie pelo correio o formulário completo para o seguinte endereço:
Centro da Sabedoria · 4051 Denton Hwy. · Ft. Worth, Texas 76117
Telefone: 1-817-759-0300
Você Amará A Nossa Website..! www.WisdomOnline.com

A menos que haja alguma indicação, todos os versículos foram extraídos da Bíblia Almeida Atualizada e NVI.
Técnicas de Batalhas Para Os Valentes Cansados de Guerra
ISBN 10: 1-56394-444-8 / ISBN 13: 978-1563944444 / PB-07
Copyright © 2010 por **MIKE MURDOCK**
Tradução: Mayra Siqueira
Publicadora /Editora: Deborah Murdock Johnson
Todos os direitos de publicação pertencem à Wisdom International.
Publicado por The Wisdom Center · 4051 Denton Hwy · Ft. Worth, Texas 76117
1-817-759-0300
Você Amará A Nossa Website..! www.WisdomOnline.com

Détachez & Postez

www.ingramcontent.com/pod-product-compliance
Lightning Source LLC
Chambersburg PA
CBHW060554030426
42337CB00019B/3544